les Fantômes

L'édition originale de cet ouvrage
a été publiée à Londres en 1984
par Granada Publishing Ltd sous le titre *Spooks*.

Adaptation française de Claude Lauriot Prévost
Loi 49-956 du 16 juillet 1949
sur les publications destinées à la jeunesse.
Dépôt légal octobre 1988
7636 - 3e édition
ISBN 2 226 01551 5
Imprimé en Italie

Les Fantômes

par Colin et Jaqui Hawkins
avec les conseils avisés
d'un revenant de Première Classe
Médaillé des Lettres et des Arts
de l'Université de Ghosttown

ALBIN MICHEL JEUNESSE

Les Fantômes...
sont juste
comme vous
et moi, sauf
que...

tantôt
on les voit...
et tantôt...
on ne
les voit
plus...

Les fripes-fantômes

Les fantômes apparaissent le plus souvent drapés dans de larges linceuls blancs. On dit alors qu'ils se matérialisent. Mais si c'est là leur aspect le plus habituel, ils peuvent surgir sous des déguisements extrêmement divers que vous pourrez voir… ou ne pas voir. Telle est la question.

Fantômes portant le drap réglementaire (linceul)

Revenant sans tête

Revenant sans corps

Quand plusieurs fantômes se réunissent, ils forment ce que l'on appelle un « jacassement ».

Fantôme terrifiant

Fantôme terrifié

Les fantômes invisibles font sentir leur présence en hurlant, en provoquant des courants d'air ou en vous donnant la chair de poule.

Fantômos

Le Gotha des Goules

Les fantômes ne changent jamais. Quand ils reviennent de l'au-delà pour hanter les demeures des vivants, ils reprennent toujours l'apparence qui était la leur lorsqu'ils étaient parmi nous. Accompagné de son célèbre « haggi » (sorte de ballon ovale), le fantôme écossais souffle dans son horrible cornemuse tout en dansant sur les créneaux du château de ses ancêtres.

Cassandre

Une mísérab
qui n'annon
que des
catastrophe

Revenant Ecossais (particulièrement actif pendant le Tournoi des Cinq Spectres)

Le Fantôme de l'Opéra

Au Palais de Versailles, le fantôme de Marie-Antoinette offre sans fin aux pauvres touristes les gâteaux qu'elle a cuits lorsqu'elle était boulangère accompagnée du boulanger et du petit mitron.

Apparitions Animales

Les araignées elles-mêmes sont souvent des revenants

Spectre sinistre d'un vieux corbeau gardant un vieux trésor

Un Vieux Chien de mer

Les marins prétendent qu'au milieu des plus terribles tempêtes le seul bruit qu'ils entendent est le martellement du pilon du vieux chien de mer qui va boire sa pinte de bière dans une taverne du port

Une caresse fantôme
Attention aux ours
Observez comment les poils de sa queue sont hérissés
Les chats peuvent à la fois voir les fantômes et être des fantômes
Je ne suis pas si méchant que cela!
Ouh! Ouououo...
Même les chiens ont peur des corbeaux posés sur leur nez.
Espèce rare d'ours monocycliste hantant les pistes de quelques cirques errants

Un Fameux fantôme

Le Hollandais volant

dans son vaisseau-fantôme

Condamné à naviguer pour toujours sur les Sept Mers, le Hollandais Volant apporte la mort et la désolation à tous ceux qui ont le malheur d'être les témoins de ses méfaits… AUSSI, NE REGARDEZ SURTOUT PAS CETTE PAGE ! Nul ne sait ce qu'il pourrait alors vous arriver…

Un autre fantôme renommé, Dick Turpin, monté sur sa fameuse jument Black Bess, s'intéresse tout spécialement à ceux qui font traverser leur troupeau de cochons dans les passages cloutés.

Voici le romain le plus abandonné des hommes : il recherche sa légion sans succès depuis près de 2 000 ans !

Un autre Fantôme Fameux

les sabots des chevaux fantômes sont souvent dans des sacs

Un fantôme totalement inconnu

Repérer les fantômes

Une lumière tamisée, un courant d'air glacé qui passe sous une porte fermée, un bruit de pas derrière soi, plus près, plus près, plus près, le chien qui gémit, la poignée de porte qui tourne et… vous croyez avoir vu un fantôme. Ne vous y fiez pas. Ce n'est pas si simple. Les revenants ne sont pas fous ! Il faut être très adroit pour observer les créatures de l'au-delà !

Beaucoup d'entre eux sont snobs, aussi ne comptez pas les trouver dans ces endroits qui se disent à la mode et où les gens s'agitent pour ne rien dire. Non. Fréquentez plutôt les endroits discrètement chics, les vieux hôtels chargés d'histoire, les demeures un peu mystérieuses.

De nombreux moines, nonnes et chanoines se transforment en fantômes. Notez que cela n'a rien d'anormal : ils sont habitués à la fréquentation des esprits dès leur plus jeune âge ! Visitez donc les cloîtres et les couvents, les chapitres et les cures. Ces fantômes-là portent de larges robes de bure, analogues à celles qu'ils avaient lorsqu'ils étaient sur terre. Écoutez les chants tremblotants qui s'élèvent des lieux glacés où ils se tiennent. Ils racontent leurs mésaventures !

Quoiqu'étant snobinards, les fantômes ont tendance à garder leurs anciennes habitudes et ils se souviennent toujours des endroits où ils aimaient particulièrement se tenir de leur vivant. C'est pourquoi, lorsque, au cours des siècles, le niveau du sol s'est élevé, on peut observer un phénomène spécial : le fantôme apode (ou sans pied).

La course à la mort

Destination Terreur

(Le guide rouge-sang du pays des ombres)

Vous vous promenez seul le long d'une route de campagne. Il fait sombre. Le silence est pesant. Seules bruissent les feuilles des marronniers tandis que les poires blettes s'écrasent avec un bruit mat sur la chaussée. Quand tout à coup vous entendez le tonnerre des sabots, le claquement discordant d'un attelage, le couinement des roues d'un carrosse. Serait-ce le dernier bus ?

Transi et fatigué, vous préparez votre monnaie, mais NE CONFIEZ PAS votre argent à la main glacée du conducteur, car nul ne revient d'un voyage entrepris dans une voiture conduite par un cocher sans tête !

Cochons et chats peuvent ensemble voir et photographier les fantômes

Il est préférable de se servir d'un vieil appareil

La chasse aux Fantômes

Êtes-vous courageux ? Pouvez-vous vous asseoir dans une crypte froide et sombre, grouillante d'araignées, pleine de choses gluantes qui glissent sur le sol et de spectres horribles qui gémissent et grognent, tirant sur leurs chaînes et vous frottant le dos ? Si oui, la chasse aux fantômes est pour vous. Mais outre vos tripes et vos nerfs, vous devrez vous munir d'un cochon ou d'un chat et de quelques accessoires indispensables.

Un stylo à encre car les fantômes adorent écrire des messages

Une bougie dans son bougeoir et une boîte d'allumettes*

* Les fantômes aiment souffler les bougies

Une pelote de ficelle pour retrouver votre chemin dans les maisons hantées

Message fantôme typique

Un guide des villes fantômes (avec supplément Zombies)

Une photo d'un revenant célèbre

Berlingoules, bonbons favoris des fantômes

Grom'ma
Grom'pa
Alida
Odilo
Vapeur et
Terreur

La Famille Lémure

Les fantômes détestent voyager. Ils hantent toujours les lieux où ils ont vécu. Les Lémure sont typiques. S'ils n'ont aucune envie de perturber l'existence des charmantes personnes qui vivent maintenant sous leur toit, de temps en temps, l'un d'entre eux se glisse subrepticement dans un placard ou derrière un rideau pour les observer, tout simplement. Pas de hurlements, pas de larmes, pas de terreur ! Si les vivants savaient combien sont inoffensifs ces chers fantômes !

Tout d'abord il y a Louis Ernest Georges Lémure, appelé familièrement Grom'pa, un ancien directeur de collège qui n'est plus maintenant que l'ombre de lui-même. Puis sa femme, Louise Ernestine Georgette Lémure, dite Grom'ma, dont l'affection pour les esprits est célèbre, leur fils, Odilon le Revenant et leur fille, Alida la Pleureuse, sans oublier les deux épouvantables jumelles surnommées, on ne sait pourquoi, Flotte et Glotte et accompagnées de Vapeur et Terreur, leurs animaux favoris.

Grom'pa et Grom'ma apprennent à leurs enfants comment hanter sans blesser, mais Odilon et Alida ne peuvent résister à se glisser d'un coup sous leurs draps pour effrayer le plus possible le voisinage. Et il faut dire que c'est difficile de les garder à la maison la nuit ! Quant aux animaux, chacun sait que leur plus grand plaisir est d'apparaître soudainement à des endroits inattendus et de pétrifier ainsi la population.

Un régime de l'au-delà

Le soir, quand les vraies familles sont allées se coucher, les Lémure matérialisent leur petit déjeuner. Ils ont besoin de prendre des forces pour continuer à hanter. A l'image des fantômes eux-mêmes, la nourriture-fantôme n'a pas de consistance et se moque éperdument des lois de la gravité.

C'est la même chose pour les meubles que les enfants font valser à leur gré. Les fantômes apprennent très jeunes à léviter, et ce qui les amuse le plus, c'est de transformer tout ce qui les entoure en OVI (objets volants identifiés). Les OVI qui traversent la salle à manger comme des frisbees sont généralement lancés par de jeunes revenants mal élevés. Les Lémure, bien entendu, interdisent formellement de telles pratiques à leurs enfants.

"Qui dîne ne hante pas!"
(Vieux proverbe fantôme)

Le travail-Fantôme

Minuit. C'est l'heure de se mettre au travail. Il y a toujours quelque lieu à hanter, et Monsieur Lémure a trop de conscience professionnelle pour ne pas s'y rendre. Aidé de Vapeur, il règle à sa façon toutes les pendules, horloges, réveils, montres qu'il rencontre : toutes à minuit juste !

Odilon et Alida suivent leur père dans cette partie de plaisir diabolique. Ils poussent d'étranges hurlements et éclatent d'un rire démoniaque mais sans pour autant, trop effrayer les vivants.

« Ils manquent encore de technique », dit leur oncle, l'épouvantable fantôme Fingal. « Je me demande s'ils ont vraiment de l'avenir dans la profession ! »

"Alida ne peut même pas faire peur à une fée, 'Pa!"
Cling Clong Clang
Bing! Bang!
J'ai encore oublié de fermer la porte!
"Odilon ne peut même pas effrayer un épouvantail, 'Pa!"
Brr.... Tu n'as pas réparé la fenêtre?
zzzz...z.. Demain mat...z.zz
"Ces gosses sont vraiment demeurés!"
Arrête de prendre toutes les couvertures!

Traits d'esprits

Odilon et Alida passent toutes leurs nuits à essayer de terroriser leurs voisins. Ils tirent les sonnettes, cognent aux fenêtres, renversent les poubelles. Mais ils n'arrivent jamais à rien. Les gens sont tellement habitués à ce vacarme, que ce n'est pas un choc de plus ou de moins qui les impressionne !

Plus rien ne les étonne. Même les chiens et les chats qui pensent en leur for intérieur que ces jeunes goules feraient bien de retourner à l'école pour apprendre quelques bons trucs de leurs aînés.

Chanson hantée
Écoute, écoute, écoute au fond de la nuit,
Tous ces chiens qui hurlent et tous ces chats qui crient,
Ces poubelles qui volent, ces portes qui font du bruit,
Ces escaliers qui grincent, ces robinets qui fuient,
Écoute, écoute, les fantômes sont ici…

Une nuit d'épouvante

Lorsque son mari est parti à son travail de revenant, Grom'ma, restée à la maison, remplit son rôle de fantôme domestique. Les doigts légers, elle improvise une gigue sur le grand piano du salon tandis que dansent aspirateur, balai et chiffon à poussière. Le ménage se fait ainsi en moins de temps qu'il n'en faut pour secouer un linceul. Quant à Grom'ma, elle est fantôme avec panache, elle est revenante avec superbe !

Pendant ce temps, Grom'pa travaille ferme. Il n'oublie pas cependant la pause-cimetière qui lui permet, tout en reprenant quelques forces, de retrouver de vieux amis qu'il avait connus dans le temps, au 3e Hussards de la Mort ou à l'ESF (École Supérieure des Fantômes).

La pause-Cimetière

La scène se passe dans un cimetière campagnard

La Veillée

Quand Grom'pa, au petit matin, rentre à la maison, il commence par embrasser Grom'ma avant de rabrouer Odilon et Alida qui ont, encore une fois, joué les fantômes-buissonniers. S'ils continuent à manquer leurs cours, jamais ils ne pourront faire face à leurs futures responsabilités de revenants. Il rappelle ensuite à Flotte et Glotte qu'elles ne doivent pas disparaître sans autorisation et reproche à Vapeur et Terreur de lui avoir fait horriblement peur à la sortie du cimetière. Ceci fait, il mange son dîner avant de commencer la veillée et de raconter les histoires de « quand il était petit », Ali Baba et les quarante Goules, Vingt Mille Lieues sous les spectres, Le dernier des Revenants. Mais celui qu'il préfère entre tous, c'est…

Le Joueur de flûte de Fantômeville

qui fait danser ses rats
sur les boulevards
périphériques
pour toujours,
pour toujours
pour toujours
pour toujours

Quand Grom'pa a fini ses histoires, il est temps pour les Lémure d'aller se coucher. Ils disent tous ensemble leurs prières pour les vivants et disparaissent. Ils dorment généralement dans un coffre en fer bien cadenassé. Si vous en trouvez un dans votre grenier, un conseil, N'Y TOUCHEZ PAS, c'est peut-être la chambre à coucher d'un fantôme !

Fin